JN411530

영혼의 행복을 위하여

성시

영혼의 행복을 위하여

펴 낸 날 2018년 7월 25일

지 은 이 김재원
펴 낸 이 최지숙
편집주간 이기성
편집팀장 이윤숙
기획편집 정은지, 이민선, 최유윤
표지디자인 정은지
책임마케팅 임용섭
펴 낸 곳 도서출판 생각나눔
출판등록 제 2008-000008호
주　　소 서울 마포구 동교로 18길 41, 한경빌딩 2층
전　　화 02-325-5100
팩　　스 02-325-5101
홈페이지 www.생각나눔.kr
이 메 일 bookmain@think-book.com

책값은 표지 뒷면에 표기되어 있습니다.
ISBN 978-89-6489-873-4 03810

이 도서의 국립중앙도서관 출판 시 도서목록 (CIP)은 서지정보유통지원시스템 홈페이지(http://seoji.nl.go.kr)와 국가자료공동목록시스템 (http://www.nl.go.kr/kolisnet)에서 이용하실 수 있습니다 (CIP제어번호: CIP2018021611).

영혼의 행복을 위하여

성시

| 김재원 詩集 |

생각나눔

두 번째 시집 "성시(聖詩)"를 출간하며

첫 번째 시집『인생』에 이어서 두 번째 시집인『성시』를 출간하게 되었다. 외딴 섬 개척교회를 시작으로 목회의 길을 걸었다. 지나오면서 그때그때 느끼고 체험한 것들을 시로 썼다. 다른 사람들에게 읽히기 위한 목적으로 쓰기보다는 나 자신을 위로하고 힘을 얻기 위하여 쓴 것이 많다.

화려하거나 성공한 목회자도 아닌데 세상에 내놓는다는 것이 한편으로 쑥스럽기만 하다. 하지만 작은 목회자로서 걸어온 영혼의 순례길을 정리해 보고 싶은 마음이 있었다. 내세울 것 하나 없지만, 내 나름 순수했고 신실하게 최선을 다한 삶이었다.

나의 그동안의 외침들이 신앙생활하시는 분들에게 조금이나마 위로와 힘이 되었으면 한다. 그동안 많은 고생을 한 가족들에게 미안하기만 하다. 감사를 말로 표현할 길이 없다. 사랑한다는 말로 다 신한다. 나를 위하여 진심으로 응원해 준 형제들에게 감사를 전한다. 변치 않는 우정으로 성원해 준 친구들에게 감사를 전한다. 함께 비전과 사명을 나눈 국내외 동역자님들께도 감사를 드린다. 출간을 도와주신 생각나눔 출판사에도 감사를 드린다.

김재원 목사

목차

거듭남

아기의 출산은
산모의 고통이
따르고
조각가의 작품이
완성되기 위해
수많은 망치질을
해야 한다

살아온 길
습관과 문화
삶의 내용을
송두리째
바꿔야 하는데
어찌 아픔이
없겠는가?

갈등과
싸워야 하고
사단의 괴롭힘과
씨름을
해야 한다

끈질기게
의심하게 하고
저항하고
반항하고
옛 자신을
지키라 한다

어찌 전쟁이
신사적이겠는가?
어찌 혁명이
평화적이겠는가?

눈물로
아픔으로
결단하지 않으면
안 되는 기로에서
선택의 여지가
남아 있지 않다

부르심에
인도 하심에
축복의 길에
발을 내디뎌야 하고
순종하고
따라가야 한다

그 길만이
내가 사는 길이요
축복의 길이요
영생의 길이다

주여, 새롭게 빚으소서
나를 받아 주소서
내가 주께 가나이다
주의 뜻대로 하소서

주만을 섬기겠나이다.

할렐루야!

거룩

내가 거룩하니
너희도 거룩 하라
하나님처럼
되라고 하신다
겁부터 난다

어떻게 하나님처럼
거룩하게
될 수가 있을까?

어떻게 한 번의 실수도
죄도
허물도, 티도, 점도 없는
사람이 될 수가 있을까?

사람이 사람답지 않고
하나님다운 것을
거룩하다고 하는가?
사람 냄새가 나지 않고
하나님의 신령한 냄새가
나야 하나?

거룩하신 분은
이 세상에
하나님 한 분밖에는
없는데
어떻게 그분을
닮을 수가 있을까?

나의 한계를 아시고

나의 분량과

나의 부족함을

아시는데

거룩하라 하신다

하지만

십자가의 공로와

자녀 된 신분과

의롭다 하심과

유업을 받을 자라 하셨으니

거룩이 그리 어려운 것은

아니잖아

거저 되는 거야

그분의 은혜로

자격이 없어도

허물과 티와 점이 있더라도

부족하더라도

거룩해졌고

우리의 신분은

영원히 변하지 않아

단지 믿음으로 되는 거야
이미 이루신 것이니까
보라, 새것이 되었도다
거룩한
내 모습에 기뻐하시잖아
두 엄지를 세우시며
보기에 좋다 하시는데

나의 거룩함에
의심은 믿음이 없는 거야

격전의 날이 드디어 왔다

군사들이여
그동안
땀 흘려
훈련하고
단련한
군사의
용맹을 떨칠
격전의
날이 다가왔다

행군의
채비를 차리고
총검으로 무장하고
진군의
말발굽 소리로
땅을 진동시키자

적진을 향한
점령군의
함성이 울려 퍼지고
용장의 가슴
드높이고
우렁찬 호령 소리
승리의 군사
깃발을 앞세워
전군 앞으로
명령에 따르자

아~ 아~ 얼마나
기다렸던 이날인가
어둠의 적들이
떨며
손들고
항복하는 날
정복군의
위력과

권세 앞에
굴복하는 날

용사들이여
힘차게
일어나
담대하게
위엄 있게
돌격하자
승리는 우리의 것
예수 그리스도의
이름으로
땅을 차지하고
정복하자

하나님이 주신
약속의 땅
축복의 땅
영광의 땅으로
승리의 함성을
지르자
땅끝까지
우리의 승리를
알리자
할렐루야!

격전이 끝나고

치열하고
격렬했던
전쟁이
끝이 났다

승리의 깃발을
높이 올리고
하나님께
우리가 해냈다고
보고의 예배를
드린다

부상자들이
땅 위에 누워
상처를 어루만지며
격전의 날들을
되새긴다

넘어지고
쓰러지고
고통과
아픔이
따랐지만
마침내 승리를
이루었다

용감하고
장한 용사들이여!
그대들의 전공은
영원토록
길이길이
후대에 남아
귀감이 될 것이오

심어 놓은 싹들이
무섭게 자라
많은 영광의
열매로
화답할 것이외다

우리의 흘린 땀과
피와
수고가
헛되지 않다는 것을
증명할 거외다

용사들이여
하나님의
박수를
받으시길 바랍니다

"자랑스럽도다"
나의 정예군대여!
“잘했도다”

교만이 싹틀 때

세계국제대회를
마치고
대회 기간 찍은
사진들을 정리하면서
은혜와 감격의
순간들을
다시 체험하게 된다

한 교회를
한 지역을
한 나라를
축복하고
변화시키는
기폭제
역할을
해냈다

기쁨에
행복에
감사에
은혜에
젖어
아름다운
성령의 축제를
마쳤다

교회가
성도가
믿는 모든 사람들이
거듭나고
성화 되고
새 힘을 얻고
큰 믿음으로
도약하고
영적으로
눈이 뜨이고

새로운 은사와
기름 부음을 받고
자유 함을 얻고
천상의 보좌를
출입하게 되는
놀라운 영적 축복의
대회였다

이 성령의 불이
한 교회에서
다른 교회로
한 지역에서
다른 지역으로
온 국가에서
세계로
성령의 불이 타오르게
되기를 기도한다

역사는 인간이
만드는 것 같지만
하나님의
고유의 임무이시니까
죄를 깨닫게 하시는 것도
부흥의 새 불을
지피시는 것도
하나님이 하셔야지
인간의 힘으로
이루어지지 않는다

작은 일 한 것으로
우쭐대거나
잘난 체하는 것도
성령님께서는
원 하시는 것이 아니다

나의 할 일
나의 갈 길
조용히
가노라면
언젠가
하나님의 정하신
때에
이루어지겠지

오직
겸손히
주의 뜻 좇아
조용히
나의 일에
매진하련다
교만은 하나님이
싫어하신다.

교훈 (敎訓)

사람은
인생을 살면서
많은 것을
배우며 산다
꾸준히 지식을
탐구하고
자신의 인격을
함양하기 위하여
평생을 노력한다

성공하기 위하여
기술과 지혜를
습득하고
꿈을 실현하기 위하여
지름길을 찾고
현명한 길을
선택한다

그러나
모든 이가
성공하는 것도 아니고
모든 일에
지혜가 전부가 아니란 것도
살면서 체득하게 된다

성경의 인물 가운데
인생은
헛되고 헛된 것이라고
모든 것을 가졌던
솔로몬 왕은
그렇게 말하였다
세상의 높은 도 (道) 닦은
어떤 이는
인생을
무업 (無業)일 뿐이다고
하였다.

인생을
죽음까지도 아름답게
보는 사람이 있는가 하면
사는 것이
험하고 고생의 연속일 뿐인데
살아서 무엇하느냐는
비관론자도 있다

이제까지
살아오면서
난
어떤 교훈을 얻었을까?
인생은
자기 할 나름이고
마음먹기에 달렸다고 했다
아름답게
인생을 바라보고
자신을 사랑하는
인생이
가치 있는 삶이 아닐까?

곧 사라질 무지개
인생일지라도,
지구가 내일 멸망한다 하더라도
오늘 난
아름다운 희망을 심고 싶다

그대로 하라 영광이 너희 것이라
인생의 길에는
항상 장미꽃 향기
그윽하고
웃음과 행복만이
넘치지만은 않습니다.

때론
역경을 만나고
고난과도
어려움과도
싸워야 할 때가
있답니다.

많은 사람들이
자신의 힘으로
헤쳐 나가려고
노력을 하지만
낙심하고 좌절할 때가
많습니다.

인생을 승리하는
비결이 있는데도
교만하고
어리석음 때문에
고되고 힘든 길을
간답니다.

인생의 진리가
여기 있습니다.
예수 그리스도와
동행하면
그 길은
평강의 길이요
형통의 길이요
성공의 길입니다.

주 예수 그리스도께
당신의 인생을 맡기세요
그분이 내 인생의
안내자로
보호자로
친구로
책임지실 것입니다.

필요한 모든 것을
공급해 주시고
꼬리가 아닌
머리 되게 하시고
실패를 성공으로
불가능을 가능케
하십니다.

그리스도인의 특권을
누리시게 됩니다.
이 땅에 사는 동안
번성하고,
충만하고,
정복하고,
다스리게 하실 것입니다.
할렐루야!

"너희에게 무슨 말씀을
하시든지
그대로 하라 (요2:1~11)"

금식

영혼의 절규가
가슴 밑바닥에서
울려 퍼진다
갈급하고
사모하고
가까이 가고 싶다고

하던 일 잠시
내려놓고
급히 뛰던 발걸음
멈추고
어디쯤 왔나
이대로 괜찮은 건지
돌아볼 시간이 필요하다

일상의 낙에
안주하며
온갖 안위에
묻혀
정신없이 살다
이제
겸손히
모든 것 내려놓고
주님 앞에
무릎 꿇는다

하나님의
따뜻한 사랑
넘치는 은혜
그분의 큰 계획
주신 비전과
사명
그리고
능력을
되새기며

전쟁에 임하는 자세로
승전의 기상으로
담대함과
강함과
불굴의 의지로
"앞으로 돌격"
호령하며
"반드시 이겨야 한다"'
"죽지 말라"
"승리는 우리의 것이다"
외치며…

적진을 향하여
달려가자
힘차게 말을 달리자
저 높은
영적 고지를 향하여

금식을 끝내며

길다면 길고
짧다면 짧은
21일간의
다니엘 금식이
끝났다

시작 같아서는
너무 길고
고생스러워
어떻게 참나
염려도 많이 했다

그런데
시작이 반이라고
어느새
일주일이 지나고
눈 깜짝할 사이에
21일이 지났다

조금은
허전하고
무기력함도
있었지만
마음과
정신은
더할 나위 없이
가볍고
편했다

그간
정신과
육신이
더욱
성결하고
정결해진
느낌이다

식도락
과식
탐식이
만병의 근원이고
나아가
영혼을 흐리게 하고
병을 가져온다는 것을
깨달았다

한입
한 숟가락
입에 들어가는
음식들
하나하나를
앞으로
조심하고
절제하고
분별하려고 한다

그러면
몸도
마음도
영혼도
한결
건강 해 질 테니까

성결한 영, 혼, 육으로
주님의
도구가 되어야지

긍정의 힘

눈보라
비바람
폭풍이
몰아쳐도
그건
잠시일 뿐
태양은
어김없이
솟구친다

고난
시련
고통
아픔들이
삶 속에
따를지언정
견디고
이긴다는
의지만
있다면
그런 것들은
물거품처럼
조용히 사라진다

어떠한
환경과 처지에
놓이더라도
절망하거나
비관하거나
좌절하지 말자

애써
슬픈 노래 따위
지어 부르고
굳이
마음 아파하고
스스로
우울해지고
괴로워하지 말자

온갖 역경에도
불구하고
더욱
용기 내어
담대하게
인생은
아름답다
행복하다
노래하자

그래야
불행이 행복으로
바뀌어질 테니까

기도 (1)

살면서
절박하고
다급한
기도를 많이 한다
살려달라고
도와주세요
해결해 주세요라고

절망에 부딪히고
앞이 캄캄하고
불안하고, 두려워
어찌할 바를 모를 때
간절하게
기도한다

폭풍이 지나고
위기의 순간이
지나면
안도의
숨을 쉬고
나의 기도를
들어주신 것을
감사하게 된다

나같이

부족한 사람을

축복하시는 걸 보면

내가 잘나서가 아니라

아무 능력도 없다는 것을

아시기에

하나님의 도움이 없이는

아무것도 할 수

없다는 것을

아시고

나를 축복해

주신 걸로 믿는다

아니, 그보다는

멀리서

나를 위하여

기도하여 주는 그 사람의

기도를

들어주신 거라고 믿는다

누군가가

나를 의하여

진정으로 기도하는

사람이 있기에

내가 살아갈 수 있는

거라고

오늘도

감사와 찬송과 영광을

돌려 드린다

기도는 능력이다.

기도 (2)

꿈속에서
잠결에 중얼거린
소원들을
천사가 바구니에
주워 담아
하늘 위로 나른다

공원을
산책하면서
혼자 말처럼
중얼거렸던
기도도
하나하나
다
들으시고
천상에서
일을
시작하신다

소원 중에
최고로 좋은 것을
우선을 가려
정하시고
답해 주시려고
계획 하시는
모습을 상상해 본다

준비가 된 것
때가 아직 이른 것
유익한 것
무익한 것
반드시 도와야 할 것
돕지 않아도
혼자서 할 수 있는 일들을
가려내신다

내가 올려 드린
모든 기도를
받으시고
하나님이 하실 일을
골라내시어
하나하나
정하신 시간과 때에
집행하신다

나의 삶 자체가
기도요
입으로
몸짓으로
행동으로
하는 모든 것이
기도이다

나의 호흡까지도
기도로 받으시는
하나님
저의 모든 것을
저의 인생의 전부를
기도로 흠향하시고
축복하시는
하나님

항상 좋은 것으로
주시는
주 여호와 하나님을
송축하나이다.

기적

세상에는
생각과
조건과
상상을 초월하는
기적들이 일어난다

얼마 못살 거라던
사람의 병이 낫고
가난한 사람이
역경을 딛고
성공하고
불가능한 일들이
이루어지는
기적들을 본다

시도해 보고
실패하고
좌절하며
아쉬워하고
허전해하면서
모두가
기적을 바란다

이루어질 수 없는 일
믿기지 않는 일
자신마저 놀라는
기적을 경험하고
싶어 한다

우리들의 만남은
바로 기적이다
하나님이 예비하신
은총이요
선물이다
그것은
기적 중의 기적이요
축복 중의 축복이다

수많은 사람들 중에
우리의 인연은
기적이다.
아멘, 할렐루야!

기회 (機會)

인생에
세 번의 기회가
주어진다고 들 한다
언제가
절호의 기회인지는
아무도 모른다
나도 모르는 사이에
왔다 가버릴 수도 있고
기회인 줄 알고
덤벼들었다가
낭패를 보는 수도 있다

기회를 찾아야 하나
아니면 무시해야 하나
난
기회란 자신의 정한 길을
바보처럼 묵묵히
성실하게 정진하다 보면
자연스럽게 때가 오고
만들어지는 것이
아닌가 생각한다

한 가지 중요한 것은
깨어 있어야
한다는 것이겠지
시대를 읽고
삶의 목표와 방향을
정시하고
부단히 다듬고
훈련하며
준비되어 있어야

한다는 것이다
어떻게 되겠지
막연한 기대와
나태와 방관
세상에 넋 잃은
정신으로는
장마진 홍수에
떠내려가듯
인생의 파도에
떠밀려
덧없이 늙어만 가겠지

난
깨어
준비하련다
한 방을 날릴
복서처럼
끝까지
인생의 링에서
내려가지 않을 거야
한방의 기회를 노릴 거야
땡
라운드 종료의
종소리가
울리기 전에.

깃발을 높이 들고
(광주세계대회를 준비하며)

양각 나팔 소리가
하늘을 찌를 듯
전쟁을
알리고
출정 준비에 바쁜
군사들의
움직임이
빨라졌다

창검을 갈고
군화 끈을 조여매고
투구와
방패로
무장하고
대열을 지어
"군기를 손에 높이 들고"
군가를
우렁차게
부른다
주 예수
그리스도의
기다온 정예 부대가
백의민족을
세계사에
우뚝
세우기 위하여
동방의 예루살렘
거룩한 땅
한국을 향하여
태평양을 건너
출병한다

승리의 깃발을
꽂으라
무등산 정상에서
불기둥이 솟고

영광의 찬양이
영산강 굽이굽이
울려 퍼지고
시냇가에
과실이 넘치고
푸른 잎사귀가
춤을 추게 하자

용사여,
승리의 깃발을
높이 들고
용감히
돌격하라
전쟁이
우리에게 속한 것이
아니요
하나님께 속한 것이니
항오를 이루고

두려워 말고
놀라지 말자
여호와를 신뢰하고
깃발을 높이 들고
진격하자

여호와가 대신
싸우시리라!

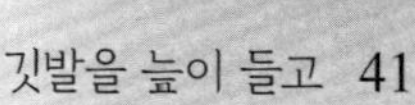

꿈나라

천국에 가면
제일 먼저
보고 싶은 사람들을
만나겠지
반가워하고
기뻐하며
얼싸안고
춤추겠지

놀랍고
경이롭고
눈부시고
벅찬
황홀함에
정신을
잃게 되겠지

아름다운
노래와 찬양이
흐르고
따뜻하고
포근한
사랑과 평강이
넘치고
밝고 빛나는
나의 궁전에서
기쁨을 누리며
살게 되겠지

아니야

아주

작은 시골집에서

시냇물

흐르고

진달래

벚꽃이

피는

시골 마을에서

텃밭 일구고

달래 넣어

끓인 된장에

보리밥 비벼

먹으며

조용히

사는 것도

천국인걸

천국과 이 세상을

오가며

꿈속을 헤맨다

꿈

잠 속에서
생각지도 않은
사람이 나타나고
아주 옛날의 일들이
떠오를 때도 있다

반가운 사람을
만나거나
우울한 일
슬픈 일
기쁜 일들을
경험하기도 한다

때론 앞으로
가야 할 길
혹은
해야 할 일들을
알게도 하시고
인도도 하신다
잠 속에서
새로운 설계와
계획을
보게 하고
듣게 하고
준비하게 하신다

지난밤 꿈에서
한 현인(賢人)을 만났다
지혜를 갖은 사람이라고 했다
아무 말도 하지 않았지만
단지 만남만으로
마음에 평안이 왔다

무슨 일이
앞으로 있길래
지혜(知慧)의 사람을
보여 주셨을까?
좋은 꿈을
중간에 깨어
아쉽기만 하다

나의 사랑하는 조국 대한민국이여

하늘에서
내려다보는
아름다운 고국산천
굽이굽이 흐르는 강물
푸른 산과 들
옹기종기 보이는
마을과 동네
하늘을 찌를 듯
솟아오른 빌딩과 아파트
헐벗고 벌거숭이
폐허였던 땅이
몰라보게 발전하고
달라진 내 사랑하는
조국 대한민국에
감탄과 감사와 찬사를
보낸다

시련과 역경을 이기고
수모와 굴욕을 참고
고통과 슬픔을 이겨낸 민족
역사를 다시 쓰고
무에서 유를 창조하고
불가능을 가능케 한
위대한 민족이어라

하나님의 큰 계획을 이룰
민족 중의 만족이요
나라 중의 나라여라
더욱더 강성하고
높은 기상과 위용을
떨쳐라
세계의 평화와 발전에
공헌하고
인류를 구원하고
놀라운 세계의 역사를
이끌
견인차가 되라

높이 높이
빛나고 빛나라
찬란하고
기름진 축복의 땅이여
창대하고, 충만하고
강하고, 번영이
영원토록 넘쳐라

나의 사랑하는 조국
대한민국이여….

나의 하나님

알파요 오메가이시고
창조주이시고
만물의 주인이시고
우주의 주관자이신
하나님

우주와 자연과 모든
생명이
당신의 지으심을 받고
당신의 뜻과 계획 속에
영광의 피조물로
영원의 시간 속에
한 인생으로
한 생명으로
한 시대의
사명을 가지고
살게 하신
하나님

크고 놀라운 계획을
가지고
하늘의 큰 축복을
준비하시고
아름답고
행복하고
영광의 삶을
예비하시고
인도하시고
주관하시고
이루시는
하나님

저에게 주신
생명과
삶 속에
사랑과 행복과 평강을
부어주시고
넘치게 하여 주시는
하나님

의미 있고
뜻 있고
보람되고
값진 인생을
주신
하나님께
감사와
찬송과
영광을
돌립니다.

할렐루야!
할렐루야!
할렐루야!

당신은
나의 하나님
영영 세세토록
존귀와 거룩한 경배와
영광의 찬송
받으시옵소서
아멘

낙원

시름도
근심도
걱정도
없는 곳이 있을까?

아픔도
고통도
절망도
없는 곳이 있을까?

이별도
죽음도
슬픔도
없는 곳이 있을까?

애태움도
안타까움도
속상함도
없는 곳이 있을까?

미련도
바람도
기대도
없는 곳이 있을까?

만약 그런 곳이
이 세상에 있다면
사람들이 살지 않는
지구 밖일 거야

그 많은

시련과

고난,

역경이

있기에

마침내

승리가 있고

기쁨이 있고

영광이 있는 것

아니겠어?

그때,

거기에

인생의 낙원이

있는 거야

천국이라는

본향 말이야.

내 모습 그대로

틀려도
실수해도
못 해도
부족해도
괜찮아
있는 모습
그대로가
좋아

서툴면 어때
어색해도
모자라도
신경 쓰지 마
마음 놓고
할 것 다 하고
웃음 짓고
머리 긁고
내려오면 돼

모세도
말 잘하지 못한다 했고
기디온은
자기는
별 볼 일 없다 그랬고
베드로는
배반자로
얼굴조차
들지 못했지

우리는 모두가
택함 받은
잿기이고
도구고
그릇인데
단지
사용자께
맡기면
되는 거야

그분이 어떻게
쓰시던
실수하게 하시던
부족하게 하시던
모자라면
모자란 대로
그냥
따라야지
별수 있어
다듬고
세우시고
능력 주시는
모든 것
그분이 하시는데
걱정일랑 하들 말자

믿음으로
순종
헌신
드림
섬김
도전
투지
끈기
인내
할 수 있는 최선
내가 하면서
죽이 된들
밥이 된들
결과는
그분 몫

내 모습 그대로
자유인으로
자연인으로
순진하고
천진하게
욕심 없이
거짓 없이
내 모습 그대로
살련다

생긴 대로.

내려놓음

무거운 짐을 지고
언덕을 오른 후
짐을 내려놓으면
아~ 해냈구나
후련하고
안도의 숨을 내쉰다

병마에 시달리다
지긋지긋한
병치레로부터
고통의 짐을
벗을 때
눈물이 나도록
감격하고
기뻐한다

산을 넘는 것도
강을 건너는 것도
어둠 속 바다를
헤엄쳐 가는 것도
짐을 가지고는
강을 건너지도
산을 넘지도
바다를 헤엄칠 수도
없다

짐들을
내려놓아야 한다
비워야 한다
세상의 짐도
마음의 짐도
영적 짐도
다 내려놓아야 한다

비우고

가볍게 가지 않으면

힘만 들고

지치고

그만

쓰러지고 만다

무거운 세상 짐들

시름, 근심, 걱정, 염려, 불안, 두려움,

불신, 비판, 정죄, 질투, 욕심, 탐욕,

이기심, 고집, 편견, 분노, 미움, 무례,

우울, 자포자기, 게으름, 무기력, 무능,

약함, 부정, 타락, 거짓, 속임….

온갖 짐을 내려놓자

너무 늦기 전에…

천국은 빈손으로 가야 한다.

누구야 나와 보라 그래

누가 공부를 많이 해야 한다고
누가 학식이 많아야 한다고
누가 지식이 많아야 한다고 그래
그런 소리 하는 사람 있으면
누구야 나와 보라 그래

누가 지체가 높아야 한다고
누가 가문이 좋아야 한다고
누가 좋은 부모 만나야 한다고
그래
그런 소리 하는 사람 있으면
누구야 나와 보라 그래

예수 그리스도가
구주이신 것만
믿으면
다른 것 아무것도
소용이 없단 말이야
천당은
지식으로
가는 것 아니야
믿음으로 가는 거지

누가 믿음 없이
지식으로 갈 수 있다고
하는지
그런 사람 있으면
누구야 나와 보라 그래

하늘나라의 일은
세상의 학력도, 지식이 없어도
지체나 가문이 나쁘더라도
돈이 없어도
재주나 재능이 없어도
괜찮아

내가 하는 것이 아니잖아
하나님이 하시는 것이니까
아무것도 필요 없어
단지 그분이 사용하시도록
내어 드리면 되는 거야
누가 그래 부족하다고
누구야 나와 보라 그래

하나님은
겸손한 자
낮은 자
섬기고자 하는 자
자기를 비운 사람을
부르신다는 걸 몰라
세상 사람들의 눈에는
별로더라도
하나님이 쓰시고자 하면
세우시는 거야
누가 그래 자격 없다고
누구야 나와 보라 그래

이제부터

당당하게, 담대하게, 권세 있게,

믿음으로

외치는 거야

믿음의 용사가 되는 거야

하나님이 함께하시는데

두려워할 것 없어

마음껏 신나게 하는 거야

성령님이 기뻐 손뼉 치시고

춤추시도록

주님도 놀라시도록

주의 길 갈 거야.

할렐루야!

달려온 1년

100년을 살면
36,500일을 산다
1년은 365일인데
짧다면 짧고
길다면 긴 날들
한 해가 저문다

어떻게 살았는가?
돌이켜보면
알차고
많은
일을 했다

잡힐 듯하면서도
달려가면 멀어지는
인생의 꿈을 좇아
열심히 살았다

남들이 보기에는
한낮 평범한
삶이라 할지라도
나 자신
최선을 다한
후회 없는 삶이었다

혼신을 다하고
열심을 내고
열정과
소망을
잃지 않고
꿋꿋이
내 길을 달려왔다

나의 인생의
귀하고
소중한
순간순간들을
놓치지 않으려고
한 해 동안
의미를 새기며
아끼며 살았다

주어진 하루하루를
음미하고
감사하고
찬양하고
영광을 돌린
아름다운 한 해였다

또
한 해가
거룩한 발자국들을
남기고
지나간다

목마름

왜 목이 탈까?
언제쯤
이 목마름이
끝이 날까?
마시고
또 마셔도
갈증은 여전하다

채워지지 않고
양에 차지 않는
목마름
찾고
기다리고
몸부림을 쳐도
해결할 수 없는
갈증

비어 있는 것 같은
허전함
속 빈 강정처럼
공기만 차있고
바람 빠져
뜨지 못하는
풍선처럼
풀 죽어
힘을 못 쓴다

아~ 이 목마름
언제나 이 아쉬움이
사라질까?
세월이 기다려
주려나?
그때까지

목마른 사슴처럼

목소리 높여
당신의 이름을
불러 봅니다

힘주어
사랑한다
외쳐 봅니다

내 마음
진실이라고
고백해 봅니다

한없이 끝없이
사랑한다
말해 봅니다.

그런데도
내 마음은
시원하지가 않습니다.

이래도 저래도
채워지지 않는
내 마음
목마른 사슴처럼
주님만 바라봅니다.

부활의 아침에

영생의
주인이심을
증명하시고
의심하고
낙심했던
자들을
다시
일으키셨다

망설이고
겁먹고
부인했던
자들이
"이것이다"
인생의
목표와
가치를
깨닫도록
부활의 현장을
보게 하셨다

약하고
여리고
가진 것
하나 없는
낮고 낮은
자들을
세계를
흔드는
혁명의
군사로
쓰셨다

외쳐라
포효하라
집행하라
선포하라
공격하라
점령하라
차지하라
정복하라
다스려라

두려워 말라
무서워 말라
낙심하지 말라
주저하지 말라
망설이지 말라
포기하지 말라
용맹을 떨쳐라!

우리의
사망도
병도
고난도
절망도
실패도
저주도
사단의
궤계도
책략도
획책도
계략도
술수도
모든 죄악도
십자가에서
다 파하시고
폐기하시고
취소하시고
도말 하시고

섬멸하시고
소탕하시고
진멸하시고
항복시키시고
굴복시키시고
적들을 이기시고
부활하심으로
마침내
승리를 확인시켜
주시지 않았는가?

일어나 빛을 발하자!
부활의 증인이 되자!
부활하신 주님을
증거하자!
용사가 되자!
군사가 되자!
부활의
혁명군이 되자!

죽음을
두려워하지 않았던
사도처럼
형장에 끌려가더라도
갇힌 바 되더라도
돌에 맞더라도
술 취한 사람이라
조롱받더라도
성령에 취해
주님 위해
일하는데
한번 미쳐보자
후회 없는
인생이었다고
부끄럽지 않은
믿음의
사람이었다고
주님께
보고 할 수 있게…
이 기쁜 부활의
아침에
다시 시작하자!

불꽃처럼 타오르다 재가 되어도

아껴서 무엇하리
언젠가는
한 줌의
재가 되든
흙이 되든
어차피
없어져 버릴 것을

육신이 살아 있는 한
복음을 위하여
미친 듯
불사르고
타오는
열정으로
몸을 바쳤다면
무슨 여한이 있으리

살아 있는 한
힘이 남아 있는 한
더욱 뜨겁게
타올라라
더욱 강한 불꽃이 되어
피어올라라

머지않아
마음은 있어도
몸이 따라주지 않을 날
곧 오리니
할 수 있거든
아끼지 말고
뜨거운 열정으로
복음을 전하자

숨 쉬는 축복이 내게
있으니까.

비전

비전은
사람이 할 수 없는 일을
하나님께 기도로
올려 드리는 것이다

우리의 수고와
땀으로 되는 것이라면
구태여
꿈이니
비전이니
거창하게
내세울 필요도 없겠지

도저히
불가능한 것
내 힘으로는
엄두도 못 내는
상상밖에 할 수 없는
일을
꿈과 비전이란
환상에 담아본다

세상을 바꾸는 일
인류를 구원하는 일
어둠의 권세를 몰아내는
일
인간의 질병과
불행을 종식시키는 일
그런 꿈과 비전은
너무 엄청난 일일까?
아예 꿈도 꾸지 말고
비전이니 뭐니
함부로 지껄이지도
말아야 하는 걸까?

세상과
인류와
세계와
인간
모두를 구원하는
꿈과 비전을
초대 사도들은
갖지 않았던가?

그런
꿈과
비전의
열정이
불현듯
속에서
끓어 오르고 있다

웬일일까?

빛을 발하라

때론
우리의 생각과
뜻과는 달리
놀라운 계시를
내리시기도 하지요

전혀
예상치도 않았던
일들을 하시게 하시고
빠르게 진행 시키십니다

아무것도
준비가 되어 있지 않은데
할 수 있다 하시며
들어 세우시기도
하신답니다

결코
나는 아니야
아직은
부족해요라고 해도
계획대로 주권으로
행하십니다

단지
우리가 할 수 있는 일은
그분의 뜻에
따르고, 순종하고,
감사하는 것
뿐이랍니다

영광의 빛을 발하게
작정하셨으니까요

새로운 시작

어떤 색깔로
무슨 열매가
열릴까?

앞으로
무슨 일이
어떻게
일어날까?

설렘과
흥분
기대와
희망이
교차한다

내킨 걸음
뒤돌아보지 말고
앞만 보고
가야지

설사
후회와
실패가
온다
할지라도

흔쾌히
자신에게
박수 보내며
장하고
애썼다
스스로
칭찬하리

새해를 맞으며

새해의 태양이
정복군의
함성과 함께
용맹스럽게
솟아오른다

역사의
새 장을 열기 위하여
군사의 말발굽
소리가
힘차게 새해의
아침을 깨운다

그토록
기다렸던
놀라운 축복의 해가
변화와 발전과 승리를
약속하며
달려오고 있다

희망의 기상을 높이고
비전의 실상을 바라보며
뜨거운 정열의 팔로
새해를 끌어안자

승리는
예정된 것이요
영광의 주인으로
이제 정복자요
승리자의
발걸음으로
진군하자

모든 난관과
어려움이
물러갈 것이요
어떤 적의 공격도
우리의 가는 길을
막지 못할 것이다

용사여
정복자여
승리자여
일어나
싸우자
영광의 빛을
발하자
축복을
누리자

올 한 해를
나의 해로…

선교지에 가며

배낭을 메고
전장에 투입되는
군인처럼
여행 가방을 싸고
여권을 챙겨
공항으로 향한다

이른 아침
차 안에서
마음속으로
무사 귀환을
기원하며
격렬한 전투에서
이기고
돌아올 것을
다짐한다

포성이 울리고
총알이 지나가고
폭탄이 여기저기에
떨어지고
상처 나고
다치고
위험도 닥치겠지

싸워야 하고
치러야 할 전쟁인데
정신을 잃지 말고
적의 급소를 향하여
일격을 가하자

타협도 양보도
후퇴도 도망도
포기도 숨지도 말고
높은 사기와
투사의 위용으로
철퇴를 가하자

다윗은 물매 돌
하나로
거장 골리앗을
쓰러뜨린 것처럼
한방에 때려눕히자
맥도 못 추게

가자
돌진하자
진격하자
공격하자
함락하자
적들이
무릎 꿇고
항복을 빌 때까지
승리의 깃발을
휘날리자

성령의 열사

죽음을 두려워하지 않고
일본 경찰의 총칼 앞에서
대한 독립 만세를 외쳤던
어린 소녀 유관순의
외침이
방방곡곡에 독립의 함성이
울려 퍼지게 하였다

독립운동의 불씨가 되고
일본의 식민지로부터
나라를 되찾아야 한다는
외침이 없었더라면
오늘의 대한민국은
있지를 못한다

교회의 성장이 멈추고
기독교가 쇠퇴해 가고
암흑이 깔리고 어두워져
가는
이 시대에
외치는
성령의 열사가
필요하다

예수님이 이 땅에 오시기
전에
광야에서 외치는
요한이 없었더라면
불과 성령으로 거듭나게
하시고
구원과 영생을 주신
예수님을
알 수 있었을까?

오~ 이 시대에 교회를 깨우고
잠자는 영혼들을 일으킬
외치는 성령의 열사가
담대하고 강한 용사가
시대와 세상을 두려워하지 않는
성령 충만한 외치는 자가
필요하다

성령의 열사여
성령의 군사여
성령의 용사여
일어나 외치자
강하고 담대하게
두려워 말고
앞장서자
선봉의 기수가 되자
큰소리로 선포하자
외치자
민족과 국가와 세계를
향하여
"주 예수를 믿으라,
너와 네 집이 구원을
얻으리라"고….

성화의 기쁨

인간의 속성을
부인하고
인간의 욕망을
억제하며
육신의 본능을
초월하여
살라 하네

세상을 닮지 말라
육체를 쫓지 마라
욕심과 쾌락을
일삼지 마라
돈을 사랑하지 마라
자신을 부인하라
속되지 마라
저속한 행동을 하지 마라
상스런 말을 하지 마라
타락하지 마라
수많은 것들을
버리고
끊어야 하는
거룩한 삶
고귀한 삶을
살라 하네

세상을
초월하고
자신을
이기는 삶
초자연의 경지에서
신령하고
정결하고
성결한
티도 점도 없는 삶을
살라 하네

엄두도 못 내고
도저히 불가능하게만
여겼던
해낼 수 없을 것만 같았던
상상조차 할 수 없었던
그 경지를
보혈의 능력
성령의 권능
변화되고
성화 되고
거룩하게 된 기쁨을
이제 누리게 되었네

나의
능력으로
노력으로
결심으로
결단으로
지식으로
되는 것이 아니라
오직
그리스도의
보혈의 은혜와
은총으로
되는 것을

감사와
찬송과
영광을 올립니다
할렐루야!

소명

묻혀있던
보물을 드러내
빛을 발하게
하십니다

감춰 있던
잠재력을
발휘하게
하십니다

다듬어진
성품과 자질을
사용할 때라고
하십니다

사랑
신실
돌봄을
나눠주라
하십니다

어둡고
혼탁한 사회에
작은 빛이 되라
하십니다

방황하는 영혼들에게

위로와

용기

희망을 주라

하십니다

변화된

우리의 성품을

쓰시겠다

하십니다.

아무도 안 한다면

답답할 때
속에서 끓어 오를 때
사무칠 때
성에 차지 않을 때
안타까울 때
외치고 나면
속이 시원하다

절규도
한탄도
아픔도
억울함도
소리쳐 토해 놓으면
한결 가벼워진다

시대의 흐름도
사회의 풍조도
국가의 진로도
국민의 의식도
개인의 가치관도
표류하고 방황할 때
누군가가
외치지 않으면
좌초와 몰락을 가져온다

숨이 막히고
앞이 안 보이고
안갯속에
미궁 속에
빠져들 때
외치는 자가 없으면
나라도 외쳐야지

더 이상
구경꾼으로
지나가는 행인으로
객석에 앉아
바라만 보고 있지만은
않을 거야
다른 사람 기다리거나
나 말고 다른 사람이
하겠지
그런 생각 이제는
안 할 거야

내가 할 거야
내가 나설 거야
내가 외칠 거야
광야에서 울려 퍼지는
한 외로운 소리
내가 할 거야
내가 나설 거야
내가 외칠 거야

어떻게 그렇게도

어떻게
입에서 기도가
떨어지기가
무섭게
현실이 되어
눈으로 보게
될 수 있을까?

모든 일을
척척 들어주시고
고민해야 하고
걱정해야 할 일들을
쉽게 해결해
주시는 걸 보면
필경 무엇이 있는 게지

어떻게 그리도
내 마음 아시고
이 험한 세상을
뚫고 나가게 하실까?

천사들로
항상
함께 하게 하시고
성령님이 특별히
인치시고
기름 부으심으로
모든 일
형통케 하시나 봐

앞으로 더욱 빛을
발하게 하실 거야
자유 함과 평강 속에서
마음껏 기지개를 켜고
사자처럼 포효하고
호령하고
외치게 하실 거야

새로운 선봉장이 되고
깃발을 높게 들고
성령의 전사답게
달려가게 하실 거야

멋지고 자랑스러운
주의 일군으로 만드실 거야.

영적 전투

우리는 전쟁터에
파병된 군사다
적진 속에 뛰어들어
실전을 감행하여야 한다

적의 성벽은 높고
두껍고
강하며
아무도
무너뜨리지 못한
철벽의 아성이
우리를 비웃고 있다

기죽지 말라
겁먹지 말라
약해지지 말라
두려워하지 말라

우리의 대장
예수 그리스도께서
함께하신다

사자처럼 포효하라
불의 용사답게
용맹을 떨쳐라

함성을 지르라
외치라
점령군의
사기를
드높여
돌격하라

성령의 권능으로
섬멸하고
차지하고
정복하라

주님이 선봉장이 되셔서
오늘 네 손에
적장의 목을 주셨다 하신다
용사여!
앞으로
진격하라

승리로 영광을
돌리자.

아멘.

영적 고지를 향하여

산을 오르기 위하여
준비를 한다
체력을 단련하고
암벽을 오르는 기술을
연마하고
악천후를 대비한
훈련을 하고
인내와 끈기와 투지를
기른다

무거운 짐을 지고
한 발자국 한 발자국
몇 날 며칠
밤과 낮
물과 식량을 아끼며
동상에 걸리고
산소 부족으로
호흡을 몰아쉬며
인간의 한계를
극복하며
사투를 한다

마침내 정상에
올라
감격의 눈물을 흘리고
해냈다는 함성을 지르고
깃발을 꽂고
다시 내려온다
정상에 오르는
그 순간을 위하여
수많은 땀을 흘리고
고통을 참으며
생명을 건다

우리에게 주어진
사명은
정상에 올라
깃발을 휘날리며
인간의 기록을
세우는 것에 있지 않다
한 생명 구하는 것이
천하보다 귀하다는
고귀한 인생의 고지가 있다

매일 생명을 살리는
깃발을
하늘에 꽂자
한 생명 살리기 위하여
땀과 수고와 인내와 끈기와 투지로
도전을 하자

우리는 천상에서
주님을 만나야 하는
영광의 등반을 하고 있다
한 걸음 한 걸음
영적 고지를 향하여
쉬지 않고 기도하며
정상에 오르자

영혼의 행복을 위하여

사람은
환경의 동물이라고
했던가?
태어나길
좋은 가정에서
잘 태어나야 하고
교육과
양육을
어떻게 받았는가에
사람이
명품이 된다고들 한다

좋은 부모 만나
호강 호식하며
가난이 무엇인지
고생이 무엇인지
배고픔이 무엇인지를
모르고 자라
승승장구하고
출세하고
세도 부리고
떵떵거리며 산다

좌절도
실패도
낙심도
실망도
모르고
오직
행복과
평강과
성공만이
특권인 양
누리고 산다

누구나
잘 살기를 원하고
부자 되고
성공하고
호강을
누리고
싶어 한다

그러나
인생의 아름다움이란
그런 곳에 있지 않다
좋은 음식에
명품 옷에
권세와 부에
인생의 성공이
있지를 않다

작은 텃밭 가꾸며
풋풋한 채소 먹으며
시내 물 여울에 발 담그고
반짝이는 꽃잎의 미소를
바라보며
마음에 평안을
육신의 건강을
영혼의 기쁨을
갖는 삶이
내게는 더욱
의미 있고 값진
인생이다

가진들
이룬들
누린들
무엇하랴
심신이 고달프다면
행복하고
평강한
삶이 아니다
다 놓고 갈 텐데
난
영원한 안식을 예비하련다

온전함

바르고
곧고
반듯한
때 묻지 않고
상처 없고
깨끗한
삶을 살라 한다

포화가 날라오는
전쟁터에서
찢겨지고
부러지고
검은 연기에
휩싸여
사투를 벌이는
삶 속에서
거룩하게
살라고 한다

온갖
유혹과
시험과
거짓과
불법이
만연한
사회 속에서
타협하지 말고
정조 (情操)와
의리와
신의와
정의를
지키라 한다

얼마나
외롭고
고통스럽고
힘든 일인데
그래도
싸워
이기는 자가
되라 한다

마음을 비우고
자신을 부인하고
모든 것을
내려놓으니
생각이 바뀌고
용기가 생기고
할 수 있다는
믿음이
생긴다

산을 움직이고
바다를 가르고
성벽을 무너트리는
능력을 주셨는데
그 무엇이 두려우랴
이루자
영, 혼, 육의
온전함을

세상을 호령하자
무서운 사자처럼
승리자로
정복자로
우뚝 서자

외치는 자여 일어나라!

그때에
뼈에 사무치고
가슴을 치고
머리를 땅에 박고
몸부림 처도
풀리지 않는
한탄과 설움이
목줄기를 타고
외침이 되어
울려 퍼졌다

그 아픔
그 고통
억울하고
원통함을
소리라도 지르지 않고서는
죽을 것만 같아
목이 메이도록
외치고
부르짖었다

그때의

그 외침이 없었더라면

그때의

그 부르짖음이 없었더라면

오늘의 대한민국이 있었을까?

그 가냘픈 한 소녀의

외침이

나라를 구하고

민족의 해방을 가져왔지

않았는가

지금 이 시대에

그 외침이 그립다

누군가가

외치는 자가 있어야 하는데

모두가 무언가에 취하여

정신을 잃고 있다

민족을 살리고
국가를 살리고
시대의 정신을 살릴
유관순과 같은
용감히
외치는 자가
나와야 한다

망설이지 말고
지체하지 말고
망국의 눈물을
또다시 흘리기 전에

뼈저린 통한의 아픔이
닥치기 전에…
누군가가 외쳐야 한다

용암처럼 분출하라 하시네

땅속 깊은 곳에서
뜨겁게 끓어 오르던
용암이 분출하듯
나의 꿈과 비전이
마침내
포효하는 사자처럼
산봉우리에서
외침과 함성이 되어
치솟는다

오랜 시간 참아오다
마침내
토해놓고 싶던
바램과 소원이
뜨거운 불 화산 되어
가슴을 찢으며
터져 나온다

아~ 아~ 얼마나 기다렸던
이날인가
가슴에 사무치고
응어리져
해보고 싶던 꿈
할 수 있다는
의지와
간절한 기도가
천지를 흔드는
불과 용암이 되어
뜨겁게 치솟는다

가슴에
담고 있기엔
뛰는 심장
참고 있기엔
얼마나 속이 타고
얼마나 애가 탔던가?

나를 세우시고
부르짖으라 하시네
선포하고
외치라 하시네
하나님의 명령이
귓가에서
일어나
달리라 하시네

불과 용암처럼
힘차게
뜨겁게
강하게
열정으로
솟구치라 하시네

신명을 다하여
후회 없을 때까지
속이 시원할 때까지
기뻐 춤출 때까지
호흡이 끝날 때까지
온 힘을 쏟으라 하시네

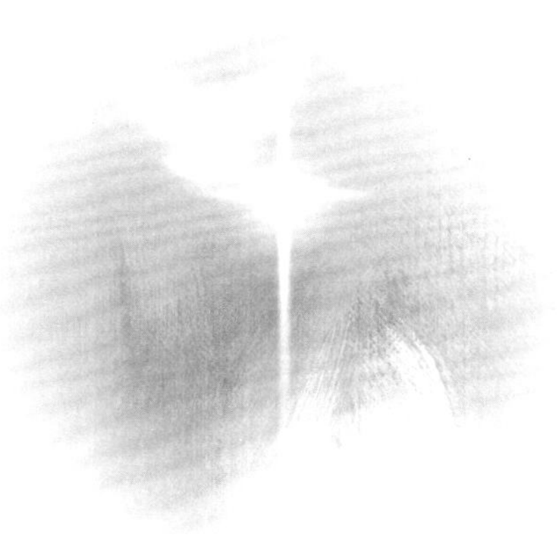

은총

하나님
제게 베풀어 주실
축복이 있으시다면
남은 인생
병들지 않고
건강하게
살게 해 주세요

하나님
아직 저를 통해
하실 일이 있으시다면
많은 사람들을 살리고
세우는 일을
하게 해 주세요

하나님
저에게 소원이 무엇이냐고
물으신다면
인생을 아름답게
마무리하게 해 주세요

하나님
더 욕심을 내라고
하신다면
하나님의 은총 가운데
하나님의 계획과 꿈을
이루게 하소서

부르시기 전에….

이때를 위하여

돈을 벌고
부족함 없이
살던 때에
난데없이
모든 걸
내려놓고
목회자의 길에
들어서게 하셨다

주변 사람들이
만류했고
가족도
형제들도
아이들까지
당황하였다

떡잎부터가
아닌데
덕목을 타고난
것도 아니고
많은 사람들 앞에
설 만한
자격을 하나도
갖추지 못했던
사람인데

솔직히

나도 모르게

자의 반 타의 반

결정을 했고

내키지 않는

걸음을

누군가에

등 떠밀려

목회자의 길을

걷게 되었다

이상한 것은

이제까지

목회의 길에서

숱한 어려움이

있었지만

한 번도

후회가 들지

않았다는 것이다

내가 좋아서

내가 사명을 가져서

내게 어떤 자질이 있어서

목회자가 된 게 아니라

돌이켜 보면 전적으로

하나님의 주권이셨다

뭐라고 해야 좋을까?
주님의 강권이라고 해야 하나?
아니면, 예정된 운명이었다고
아니면, 하나님의 주권적
소집이었다고 하면 될까?

왜?
그러셨을까?
부족하고
무익한 종을
택하신 이유가
있으셨겠지
남들이 가지 않는
목회자의 길을 걷게
하신 데에는…

그들을 살려라
자유케 하라
질병
불행
억압
속임
혼동
갇힘으로부터
저들을 구하라

나를 기름 부으시고
목자로 삼으신
주님의 뜻을
이제야
알 것 같다

흰머리 나고
얼굴에 주름이 생기고
긴 세월
훈련시키시고
너를 택하셨다고
이때를 위하여
주님이 계획 하시고
집행하신 것을…

인생의 나침반

나침반이 있고
경험 있는
안내자가 있으면
산을 오르거나
길을 찾는데
많은 도움이 된다

인생의 여정에
나침반이 되어 주고
안내자가 있다면
얼마나 좋을까?

방황하거나
시간을 낭비하지 않고
사고와 불행을 피해
안전하고
알차고, 보람되고
행복한
인생의 열매를
맺게 되지 않을까?

더 큰 비전과 계획을
이루기 위하여
나에게
나침반이 되어 주고
안내자가 되시며
격려와 위로로
힘 주시고
지혜를 주시는
분이 계신다
나로 하여금
부푼 꿈을 꾸게 하시며
험난한 인생길을
함께
동행하여 주시는 분

그분은 나의 나침반이요
나의 안내자요
나의 동반자가 되신다

그분과 동행하면
인생이 두렵지가 않다
행복의 여정 속에
약속의 땅까지
끝까지
책임져 주신다

나의 하나님

젊게 사는 것

세월을 속일 수 없다고
가는 세월 붙잡을 수 없다고
세월에 장사 없다고
세월 타령하다가
속절없이 세월을
다 허비한다

인생은 허무하다고
인생은 험하다고
인생은 수고와 땀뿐이다고
인생은 주어진
운명 따라 사는 거라고
많은 이가
그렇게 인생을 산다

세월도 인생도
탓하지 말자
세월과 인생은
주어졌지만
내가 하기에 달렸고
이기고 승리하는 것은
내 몫이요
내 책임 아닌가

돈도 명예도
많은 것을 얻었다 하자
중요한 건
아름다운 일들을
했는가?
영혼과 육신은
건강한가?
이 두 가지가 있으면
세월도 인생도
부러워할 것 같다

청춘의 꿈은 끝나지 않았다

젊은이여

꿈을 갖고
큰 포부를 안고
목표를 세우고
비전과 대망을
품으라

도전하라
달려가라
진격하고
돌격하라
매진하라

그대가
할 일은
위대하고
놀랍고
엄청난
역사에 공로를
남기는 일

한시도
한눈팔지 말고
딴짓할 여유가
없으니
세상 쫓아가지 말고
고귀하고
숭고하고
지고한 업적을
남기라

주어진
시간은 짧고
일 할 수 있는 힘도
곧 한계가
오리니
늦기 전에
부지런히
힘써 일하라

마침내
영광이 찾아
오리니
수고와 눈물이
기쁨과 보람으로
바뀌어
길이길이
대대 후손
역사의 추앙을
받게 되리라
결코 포기하지 말라
온 힘을 쏟으라
인생에 주인이
되라

제2의 인생

어디서 날아왔는지
심지도 않았는데
새싹이 돋고
꽃 나무가 자란다

버려진 쓰레기
더미에서
싹이 나고
아름다운 장미
한 송이가
자란다

도저히
상상조차 못 했던
일들이 일어나고
새 일들이
전개된다

아득하던 미래가
안개가 걷히듯
차츰차츰 가까이 보이고
꿈꾸던 광경들이
드러나기 시작한다

주어진 운명에
새 희망을 얻고
숨 막혔던
삶 속에
생기를 받아
기지개 켜고
깊은 잠에서 깬다

새 아침은
밝았고
이제 달려가는
일만 남았는데
허리띠를
조르고
힘차게
달려 보련다

다시 태어난 마음으로
제2의 인생을…

주님의 음성

왠지
잠이 오지 않는다
아무리 자려고
눈을 감고
이리 뒹굴
저리 뒹굴
해보지만
정신이 말짱하다

깊은 고민이 있는 것도
속상하고
분하고
아니
기쁘고
들뜨고
잠 못 이룰 사정이
있는 것도 아닌데
왜 잠이 안 올까?

이럴 때
뭘 하면
좋을까?
책을 읽을까?
TV를 볼까?
기도를 할까?

모두가 잠든 이 밤
고요하고
방해하는 것이 없는
조용한 이 시간
다른 생각 하지 말고
주님의 음성에
귀 기울여야겠다

"네 안에 나의 기쁜 뜻을
너로 하여금 소원을 갖게 하고
내가 이루리라"
(빌2:13)

평안

세상의 욕망을
내려놓고
이루어야 할 일도
하고 싶은 일도
다 맡겨 버리니
마음이 편안하다

다행인 건
여기저기 아픈 곳이
아직은 하나도
없다는 것이고
안달복달해야 할
필요가 전혀 없다는 게
다행이다

이루면 얼마를 이루고
가지면 얼마를 갖고
누리면 얼마를 누릴까?
있어도 병들어
근심 걱정이 떠나지 않고
가졌어도
더 갖고 싶은 욕심에
밤잠을 못 이루는
사람들이 얼마나 많은데

단지
작은 자로
낮은 자로
없지만 있는 사람들보다
마음 편안한 사람으로
조용히 살면 됐지
더 뭘 바래

나에게는
소중한
신앙
예수 그리스도를
가졌는데
세상에서
무엇이
더 필요하겠어?

난 가장 행복한 사람인걸

평화

밤새 뿌린
비바람에
몸부림치던
나무들이
떠오르는
태양을 보며
안정과 새 힘을 찾는다

엄동설한
추위에
옴츠리던
나무들이
따스한 봄을 맞으며
희망찬 기지개를 켠다

몸살을 앓던
뜨겁던 몸이
이기고 난 뒤
일어나
기운을 찾고
다시
다리에 힘주어 달린다

모든 어려움 속에
반드시
찾아오는
평화
모든 역경 뒤에
주어지는
위로와 안식
형언할 수 없는
평안이
있기에
오늘도
감사하고
행복해한다

내 영혼의 평화
내 마음의 평안
내 육신의 평강
길이길이
함께하길…

하나님이 하십니다

참 신기 한 일을
많이 본다
한 치 앞도 내다볼 수 없는
캄캄하기만 했던
일들이 쉽게
풀리는 것을 본다

미처 생각하지도 못했고
거기까지는
엄두조차 내지 못했는데
반짝하는
지혜를 떠오르게 하여
기쁨을 갖게 한다

처지와 환경이
사방으로 가로막고
이러지도 저러지도
못할 때
숨통이 트이듯
속 시원하게
뻥 뚫리는
해결책을 주신다

세상만사
힘들고
지치고
답답할 때
내 곁에 서 계신
주님을 바라보자
"내게 맡겨 보겠니?"

내가 모든 것을
혼자서
잘할 수 있을 것 같았는데
막상
내가 할 수 있는 일은
하나도 없다

실상은
하나님이
다 하시는 것인데
껍적거리고
혼자
너무 앞서
가버리곤 했다

주님의
안쓰러워하시는
표정으로
나를 바라보고 계신다
다정한
주님의 목소리를
듣는다

"네가 가지고 있는 것이
무엇인지 보렴"
"놀라운 일을 목도 하게 될
것이다"
할렐루야!

한 폭의 그림

바람이 시샘을 하고
꽃 나무를 흔든다

먹구름이 투정을 하듯
맑던 하늘을
가리운다

따스한 대지에
훼방을 하듯
우박을 뿌리고
지나간다

우리의 마음에도
스산한 염려가 일고
우울한 걱정이 맴돌고
괜한 삐침이 일 때

약속의 무지개를 보자
어김없이 떠오르는
태양을 보자
수평선 넘어 다가오는
축복을 보자

작은 것에
흔들리지 말고
역사에 남을
한 폭의
아름다운 그림을
그리자

먼 훗날
우리의 자손들이
감동으로
바라볼 수 있도록

혁명군의 장수(將帥)답게

힘차게 솟아올라라
마음껏 날개를 펼치고
창공을 높게 높게
더 큰 세상
더 큰 일을 위하여
떠올라라
치솟아라

권세 있게
하늘과 땅을 누비고
정복자의 위용을
보이라
세상이 좁다 하고
모든 것을
아래에 두고
호령하고
다스려라

이때를 위하여
준비하셨고
기름 부어
사명 주셨으니
천하에
무서울 것
어디 있으랴
무적의 장수 나가신다
길을 비켜라

용암이 분출하고
구름과 불기둥이
처처에 나타나고
권능의 회오리바람
밀어닥친다
큰소리로 외치라
불의 사자답게
기적과 이적을
행하라
적들이 보고 떨도록

응원군이
다가오는
말발굽 소리가
점점 더 가까이
들리지 않는가?
선봉장이 되어
적진을 향하여
돌격하라
명령 받들고
칼을 높이 빼어 들고
진격하라

혁명군의 장수답게…

축시 (안수식)

오! 놀라운
하나님의 영광이여
부르시고
지명하시고
기름 부으시는
전능자의 주권이어라

산을 넘고
강을 건너
세찬 폭풍우 바람
이기게 하시고
오늘이 있기까지
지키시고 인도해 주신
하나님의 사랑과 은혜여라

시대의 일꾼으로
선지자로
선각자로
용사로
군사로
대변자로
사자로 쓰시기 위하여
세우시는
하나님의 오묘하신 계획이어라

시대의 빛이 되라고
아름다운 열매를 맺으라고
생명을 살리고
인생을 구원하고
위로하고
사랑하라고
지혜와 능력과 은사의
새 옷을 입히시고
주의 종으로
세우시는 거룩한 날이어라

뛰어가라
달려라
강하라
담대하라
두려워 말라
내가 너와 함께 하리라
장중의 팔로 붙들리라
오~ 놀라운
하나님의 약속이어라

주님의 소명
주신 사명
순종하고 받들겠나이다
영광의 제물로
사용하여 주시옵소서

감사와 찬송과 영광을
드리나이다. 아멘

축시 (환갑)

주님을 바라보는
마음이
주님을 사랑하는
중심이
주님을 대신하는
손길이
예수님을 미소 짓게 하십니다

숱한 주위 사람들
한 사람 한 사람
위로해 주고
어루만지며
격려하고
일으키는 모습들이
주님을 기쁘시게 해 드립니다
슬퍼하는 자
낙심하는 자
상한 마음 안고
울부짖을 때
곁에 다가가
따뜻한 손으로
등 두들겨 주고
손잡아 일으켜 주는
돌봄의 마음을
주님은 칭찬하시고
감동하십니다

한 손길 한 손길
위로의 한 마디 한 마디
사랑의 베풂
일거수 일투족이
천국의 생명록을
한 장 한 장
채워가고 있습니다

세상의 어느 보석보다도
세상의 어떤 명성보다도
권사님이 쌓아 놓은
하늘의 상은
그 어떤 영광과도
비교할 수가 없겠지요

천상의 가장
밝고 빛나는
영광의 면류관이
준비되어 있을 것입니다.

예수님이 직접 씌워 주시겠지요
아멘.

축시 (팔순)

인생 80년
팔순을 맞아
그동안
넘어야 했던
수많은 산들
건너야 했던 강들
그 흘리신 땀과
수고와 노력
힘들었던
고비 고비들을
주님이 동행하시고
함께 하셨습니다

묵묵히
말없이
조용히
혼자서
그 무거운 짐
지시고
걸어오신
걸음걸음
손길 손길들을
주님이 다 보시고
아셨습니다

수많은 후학들을
길러 내시어
사회 곳곳에서
이제
발전의 기수로
지도자로
빛을 발하도록
평생을
일편단심으로
교직에 헌신하셨던
그 고귀한 삶의 역사를
주님은 귀하고 귀하게
여기십니다

자손들 모두가
착하고,
선하고
바르게 키우시고
아름다운
그리스도의 가정을
이루어
손자들과 손녀가
하나님의 은총
가운데
비전과 꿈을 가지고
건강하고
씩씩하고
당당하게
잘 자라게 하신 것을
주님은 기뻐하시고
칭찬하십니다

이루시고
남기신
업적과 공로
남모르게
베푸시고
쌓으신 상급들은
영원히
훗날
자손 대대로
복을 누리시게
될 것입니다.

오~ 인생의 고귀한
승리자요
영광의 산증인이어라
주의 오른손으로
붙드시고
안위와 평강
형통과 복락
존귀와 영예가
가문의 자자손손까지
차고 넘쳐
흘러가리라고
주님께서 약속하시고
축복하십니다

오늘
팔순 잔치
이 자리를
하나님이
축하하여 주시고
천사 만군이
기뻐 찬양하고
천국 시민 모두가
위로와 격려와
응원의 박수를
보냅니다

존귀와 영광이
세세토록
영원할지어다. 아멘.

잘하실 거예요
(교회개척)

절벽 밑으로 떠밀리듯
생각지도 않았던
일들에 부닥치지만
그건
해내야 하는 필수요
과정이기에
피할 수 없는 운명으로
받아들여야지요

멀리 보시고
예정하신 일이고
계획하신 일이기에
넘어야 할 산이고
건너야 할 강인 거죠

감당할 수 있기에
세우시고
기름 부으셨지 않았겠어요
하나님의 큰 꿈과 비전에
합당하였기 때문이었겠지요

너무 잘하려고
긴장하거나 무리하지 마세요
평소의 단아한 모습
편안한 자세로
실수할 때는
웃음 지으며
잘 봐 달라고 애교도 떠세요

진실된 모습

꾸밈없는 신실

진심 어린 사랑

성실한 보살핌

행복하고

건강하고

즐거운 교회를

모두가 찾고 있답니다.

잘하실 거에요

아무 걱정 하지 말라

하시는 이가

권능의 팔로

항상

함께 하시니까요

의젓하고 대견한 모습에

가슴 뿌듯합니다.

한 그루 나무처럼 자라는 교회
(교회개척)

한 그루 나무가
자라기 위하여
얼마나 많은 시간과
기다림이 필요할까?
싹이 트고
뿌리내리고
땅을 딛고
일어서기 위하여
온 힘을 다하여
버티고
기다림 속에
마침내
열매를 맺는다

때론 모진 비바람과
뜨거운 태양도
땅이 타들어 가는 가뭄도
짐승들의
할큄도 당하지만
마침내
푸르고 당당한
자태로 우뚝 서게 된다

하나님이 예정하시고
그분의 계획이 있으시고
그분의 뜻이 계시고
작정하신 것인데
내가 할 수 있는 일은
아무것도 없다
한 그루 나무처럼
단지
심으시고 물 주시는
이의 뜻에 맡기고
순종하는 일밖에는 없겠지

많은 새들이
둥지를 틀고
안식처처럼
모이는
큰 나무 그루처럼
자라게 하실 거야
거기에는
찬송이 끊이지 않고
사랑과 행복이 가득하고
세상에서 병들고,
외롭고, 소외당한
많은 심령들이
위로와 안식을 갖는
둥지로 만드실 거야

하나님이 많이 급하셨나 보다
그렇게 갑자기 서두르시는 것을 보면
교회다운 교회가
보고 싶으셨던 게지
그분의 소원을 이루어 드리세요
교회개척을
진심으로
축복합니다.

감사의 시
(창립 30주년을 맞아)

묵묵히 걸어온
순종의 길
돌이켜 보면
때론 힘들고
고난도 있었지만
주님이 대신
내 짐 짊어지시고
함께 가주셨지요

남모르는
아픔도
눈물도
많았지만
그때마다
주님이 등 두들겨
주시고
눈물을 닦아
주셨지요

어언 세월 30년이
엊그제처럼 지나
이제 칠순을 넘어
주마등처럼
떠오르는
주님이 함께하신
매 순간들에
감사와
기쁨에
감격합니다

위로와
성원과
힘 주셨던
많은 동역자들
끝까지 믿고
지켜준 나의
사랑하는 아내와
가족들에게
고맙고 고맙다는 말
비로소 합니다

아직 못다 한 일
가야 할 길
멀고 많지만
이제까지
나답게 걸어온 길
주님 손잡고
겸손히 순종의 길
그대로
정진해 나가겠습니다

아직도 많이
부족하고
모자랍니다
베푸신 사랑과
믿음
변치 마시고
밀어주시고
지켜보아 주시기
바랍니다

30년 목회 가운데
한 분 한 분을
만나게 해 주시고
함께 일할 수 있도록
여러분이 곁에 계셔준 것
정말로
행복합니다

여러분의
가도와 사랑에
진심으로
감사드리고
오늘이 있기까지
무익한 종을
붙잡아 주시고
인도하여 주신
주님의 놀라운
사랑과 은혜에
감사와 찬송과 영광을
돌립니다

주님의 크신 축복이
여러분의 교회와
가정에
더욱 충만하시길
주님의 이름으로
축원합니다.

아멘.

감사하고, 고마운 사람에게

그 많은
수고
헌신과
섬김
보이게
안 보이게
말없이
행한 행적들
말로도
글로도
다할 수 없는
하늘만이 아는
업적이 아니던가

그 고충
그 애씀
그 땀
하나하나
헛되지 않게
생명 책에
기록되어
큰 상급으로
보상되리라

만인이
증인 되어
한목소리로
칭송하고
경의를
표하게 되리라

이 땅에서
섬김의
표상이 되어
뭍사람들의 본으로
높게 높게
세워지리라

멈추지 말라
주저하지 말라
행하는 자 되어
시대를 이끌라
능력의 지도자로
돌격대장이 되라

승리자로
정복자로
다스리는 자로
작정하시고
예비하셨다

돌격! 앞으로!

영광의 면류관
(숨은 선교의 공로자분께)

남모르게 심은
선교의 씨앗이
세월 속에
어느덧 자라
곳곳에 교회의
거목들이 되어
세계를 흔든다

섬섬옥수로
땀과 정성으로
물심양면으로
돌보고 섬겼던
그 수많은
주의 종들이
이제 일어나
곳곳에서
우뚝 서서
빛을 발하고 있다

지치고
힘들고
쓰러지고
낙심과 절망에
고통 하는 자들을
위로하고
감싸고
돌보았던
한 사람 한 사람
이제
새 인생을 찾아
희망차게
주의 길 가고 있다

걸어온 발자취
섬김의 손길
닦아준 눈물
아름다운 사랑의
결실들이
한 올 한 올
수놓은 한 폭의
그림이 되어
하늘의 보좌 벽에
걸려있다

주께서 주신
귀한 직분
그분의 마음
그분의 손길
그분의 발

그분의 입술로
외치고, 찬양하고,
사랑하라고
내게 기름 부으시고
주님 대신해 달라고
나에게 맡겨주신 일
감당하게 하시고
능력 주신 것
주님의 축복이요
주님의 큰 뜻과
계획이 있으셨던 거지

하나님이
기뻐하시고
보좌의
모든 천사들이
찬양하고
믿음의 선조들이
잘했다
손뼉 치는
하늘의 광경을
하늘 문을 여시고
보여주신다

수많은 보석이
눈부시게 반짝이고
형언할 수 없는
아름답고
아름다운
영광의 면류관을
주님이
손에 드시고

착하고,
장한 나의 딸아
너에게
더욱더욱
나의 축복을
부어주고
부어 주리니
'하늘에서 이룬 것 같이
너를 통하여
땅에서도 이루어지게' 하리라

영광의 면류관은
너의 것이다. 아멘

현충원을 참배하면서

늦게 목회의 길에
들어서서
아버지를 모실
여건이 안되었던 것을
되돌아보며
마음 아파합니다.

외로워하시고
괴로워하셨는데도
따뜻하게
마음 편하게
해 드리지 못한 것
두고두고
죄송스럽습니다.

아버지가
제게 주신
정의로움, 청렴, 강직함, 신의, 정직,
성실, 끈기, 부지런함, 충직, 행정력,
지도력, 의협심, 불의와 타협하지 않고
아부하거나 비겁하지 않았으며, 또한
비굴하지 않고 꿋꿋한 모습을 배우게
하셨습니다.

귀하고 훌륭한 아버지를
갖게 된 것을 감사합니다.
존경하고 사랑합니다.
아버지, 불효를 용서하여
주시기
바랍니다.

곧 천국에서
찾아뵙겠습니다.
이 세상에서 가지셨던
시름 잊으시고
주님과 영생복락
누리시길
축원 드립니다.

불효자식 드림

어머니 묘소 참배

평생을 두고
아무 효도도
하지 못한
죄송함으로
살면서

어느새 칠순의
나이를 넘어
인생의 황혼을
맞게 되었습니다.

용서를
구하고
또 구하고
죄송하고
죄송한 마음
더욱 사무치게
느낍니다.
어머니가
제게 물려주신
보배로운 신앙에
감사를 드립니다.

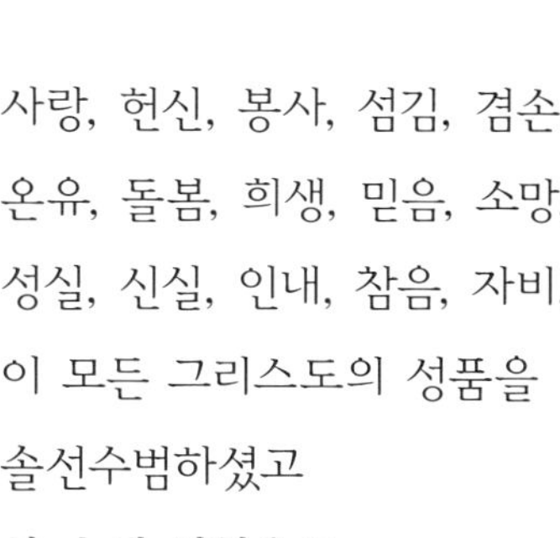

사랑, 헌신, 봉사, 섬김, 겸손.
온유, 돌봄, 희생, 믿음, 소망,
성실, 신실, 인내, 참음, 자비,
이 모든 그리스도의 성품을
솔선수범하셨고
삶 속에 실천으로
본을 보여주셨습니다.

남은 인생 어머니의
곱고 아름다운
성품을 기리며
그 길을 좇아가겠습니다.

곧 다시 만나게
될 테지요.
천국에서 만날 때까지
저희를 위하여
기도하여 주시기 바랍니다.
어머니를 존경합니다
감사하고, 고맙고,
죄송하고, 미안합니다.
어머니, 사랑합니다.

불효아들 드림

사랑하는 딸 ‘아리따’에게,

네가 태어날 때
아빠는 네 이름을
‘아리따’라고
지었지

그건
아름다운, 아리따운,
예쁘고, 곱고,
보석처럼
빛나고,
눈부시고
보배롭다는
우리 말에서
지은 이름이야

너는
자라면서
책임을 다하고
부지런하고
성실하고
한 목표를 세우면
온 힘을 다해
달성하곤 했지

그런 너는
대견스럽고
자랑스럽고
믿음직스러운
딸이었단다

한 번도
부모의 마음을
아프게 하거나
실망시킨 적이
없는 너였어

모든 일을
혼자서
척척 해내는
너를 보며
얼마나 기뻤고
흐뭇했는지
모른다

너는 유일하게
김씨 가문에서
명문인
버클리 대학과
콜롬비아 대학원을
졸업한
수재이고
인재이고
가문의 자랑이며
영광인걸
알아야 해

브랜돈을 만나
결혼할 때
우린 처음
보는 순간
즉석에서 승낙했고
그때의
기쁨을
지금도
잊을 수가 없단다

네 남편 브랜돈을
보면 볼수록
핸섬하고
그의 지성과
인격을
칭찬하고
싶어진단다

네 남편 브랜돈은
하나님이
네게 주신
세상에서
가장 소중하고
값지고, 보배로운
하나님의
선물이야

잘 받들고
섬기고
존경하기
바란다

인생은
오래 달려야 하는
마라톤 경주와도
같다지
그러려면
강인한 체력이
필요하겠지

건강을 위하여
시간과
노력과
정성이
필요하겠지

엄마와 아빠는
네가 앞으로
더 잘 될 거란 걸
믿는다

너의 크고 높은
꿈들이
다 이루어질 거야

세계를 움직이는
훌륭한 지도자로
하나님은
너를 세우실 거야

빛나는 영광이
네 위에 임하고
많은 사람들로부터
칭송과 존경을
받게 될 거야

네가 생각하지도
상상조차
하지 않았던
많은 축복이
다가오고 있어

왜냐하면
너는 가장 아름답고
아리따운
하나님의
보석이니까

아들 다한이의
결혼을 축복하며

아~ 얼마나 기쁜 소식인가?
아들 다한이가 결혼을 한단다
오늘이 있기까지
그 많은
어렵고
힘든 아픔이
있었는데

잘 참고
기다리고
견디며
모든 사람이
축복하는
결혼을 하게 된
아들에게
감사와 박수를
보낸다

그래, 이제 지난 일들
되돌아보거나
기억하지 말자
과거는
과거일 뿐
중요한 것은
앞으로의
새 인생이니까

어떻게 맺어진
인연인데
광야의 40년을
지난 후에

이스라엘을
축복의 땅
가나안으로
인도 하셨지

하나님이
계획하시고
예비하셨던 거야

하나님의
뜻이 있으셨고
하나님만이
아시는
비밀이
있었던 거지

이제는
새 사람으로
남편으로
아버지로
가장으로
하나님이
기뻐하시는
하나님의
사람으로
새 출발 하는 거야

하나님의
놀라운 축복이
너와 함께할 것이고
재물과
건강과
행복과
존경과
칭송이
너와 네 자손에게

세세토록
다 이루어지고
한없이
넘치게 될 것이다

아들 다한이의
결혼을
축복하고
축복하고
축복한다.

뉴욕 아리따 시골집에서
(At Kerhonkson, New York -
country house of Arita & Brandon)

온 땅이
흰 눈으로 덮여
하얀 카펫을
깔아 놓아
성지를
방문케 한다

White snow covered
Every where
Looks like white carpet laid
welcoming
Saint for stepping on

울창한 수림이

하늘을 향하여

힘껏 솟아

오르며

영광의 찬송을

드린다

Abundant forest

Composed with all kinds of trees

Are rising up toward sky

Like singing glory song

계곡 따라
흐르는 시냇물은
태고의 전설을
말하듯
간직한
비밀을
종알거린다

Stream flowing in midst of
Valley seems to talk continuously
about the Secret of history of legend

모세가

하나님을 본

시내 산

거룩한 땅처럼

지친 마음의

신발을 나로 하여금

벗게 한다

Like a holy land

Where Moses took off

His sandals.

Which Also make me to take cff my

Weary shoes of mind.

마시면

마실수록

가슴이

시원해 지고

영혼이

정화되는

청정 공기가

성령의

임재하심을

충만케 한다

My breath is getting

Purified when I take in the air more and more.

It makes my spirit more holy

And the Holy Spirit is increasing

His presence fully in my soul.

아담하고

예쁘게

흰색으로

단장한

작은집

거실에는

뜨겁게

타오르는

벽난로가

행복을

달구고 있다

The cute, comfortable &

A Beautiful tiny white house

where a fire place in the living room

burning happiness more & more

and hotter & hotter.

고요하고

조용히

하나님과

대화할 수 있는

산속에서

마음에

평화와

행복과

사랑을

얻어 간다

This quiet & calm place

Where I can talk with God face to face

And also I could fill peace, happiness,

and love in my heart.

아름다운
인생의
추억을
한 폭 액자에
담았다.

I put this beautiful memory
In my life frame
and carry with me
as unforgettable one.

아리따와 브랜돈께

감사하며…

With appreciation to Arita & Brandon.

하나님의 축복이 함께하시길 기도하며

I pray for this home & May God

Bless you abundantly.

메리 크리스마스
(천사와 같은 아내에게)

당신은
눈부시고
빛나고, 화려하고
지혜와 총명이
가득하고
마음이 천사와 같은
사람이랍니다

하나님에게서 온
모든 것이 선하고
최고요
최상의 것임을
당신을 통하여
알았습니다.

당신을 만난 이후
변화가 시작되고
꿈과 비전을 갖게 되고
삶에 활력과 열정을
갖게 되었답니다

세상의 무엇보다
아름답고
무엇과도 바꿀 수 없는
가장 귀한 보물을
선물로
당신을 주신 것입니다.

당신은 나의 기쁨이요
나의 행복이요
인생에 최고의
선물입니다.

메리 크리스마스

형제야

어렸을 때
엄마가 끓여준
수제빗국
먹으며
즐겁고 행복했던
우리 형제들

싸우기도 하고
웃기도 하고
울기도 하고
투정부리고
떼쓰고
숱한 일들 겪으면서
각자의 길로 매진한
우리 형제들

지금은
사회의 지도자로
한몫을 하고
자녀들 앞길에
기둥이 되고
후원자가 되어
빠른 지나간 세월
흰 머리에 담아
인생의 황혼을
바라보네

바쁘게 사느라
서로 사랑도
못하고
아름다운 추억도 없이
이대로 가기엔
형제의 의미가
무엇인가?

못다 한 형제의
사랑 나누세
한 부모의 핏줄에서
태어난 혈윤을
어찌 저버릴 수
있을까?

옛날 추석 때
한자리에 모여
부침개, 송편 덕던
어렸을 적
그 시절 그때로
돌아가세

잘잘못
섭섭한
아픈 상처들
떨어버리고
형제의 사랑을
회복하세

살면 얼마를 더 살며
잘나면 얼마나 잘났고
성공하면 얼마나 하겠는가?

형제의 사랑이
어찌 그리 아름다울까?
전설을 남기자!
남들처럼 살지 말고….